10 Avril 1899. V

VENTE

Des Lundi 10 et Mardi 11 Avril 1899

HOTEL DROUOT, SALLE N° 11

à deux heures un quart

TRÈS BEAU

MOBILIER ARTISTIQUE

DE

FOURDINOIS & GROHÉ

TABLEAUX ANCIENS

Œuvres intéressantes attribuées à

MURILLO et à J.-B. GREUZE

TABLEAUX MODERNES

OBJETS D'ART

Me G. DUCHESNE
Commissaire-Priseur
6, Rue de Hanovre, 6

M. A. BLOCHE
Expert près la Cour d'appel
28, Rue de Châteaudun, 28

MÉNARD & CHAUFOUR 8 & 10, RUE MILTON
PARIS

CATALOGUE

D'UN

TRÈS BEAU

MOBILIER ARTISTIQUE

STYLE LOUIS XV et LOUIS XVI

ayant été fourni

PAR **FOURDINOIS & GROHÉ**

COMPRENANT :

Une Galerie-Bibliothèque, plusieurs Salons et Chambres à coucher

MAGNIFIQUE PIANO A QUEUE D'ÉRARD

en bois sculpté avec peintures de BALLAVOINE

Autre Piano droit d'Erard

MEUBLES ANCIENS

Tapisseries, Etoffes

TABLEAUX ANCIENS & MODERNES

PARMI LESQUELS

2 ŒUVRES IMPORTANTES ATTRIBUÉES A MURILLO

ET

2 Portraits attribués à J.-B. GREUZE

BRONZES, SCULPTURES, OBJETS D'ART

Argenterie, Bijoux, Emaux, Tabatières

DONT LA VENTE AURA LIEU

HOTEL DROUOT, SALLE No **11**

Les Lundi 10 et Mardi 11 Avril 1899

à 2 heures 1/4

Me G. DUCHESNE
Commissaire-priseur
6, rue de Hanovre, 6

M. A. BLOCHE
Expert près la Cour d'appel
28, rue de Châteaudun, 28

Chez lesquels se distribue le présent catalogue

EXPOSITION PUBLIQUE, SALLES Nos 10 & 11

Le Dimanche 9 Avril 1899

DE 2 HEURES A 5 HEURES 1/2

CONDITIONS DE LA VENTE

Elle se fera au comptant.

Les acquéreurs paieront *cinq pour cent* en sus des enchères.

L'exposition mettant le public à même de se rendre compte de l'état des objets, il ne sera admis aucune réclamation une fois l'adjudication prononcée.

Paris. — Imprimerie Ménard et Chaufour. 8-10. Rue Milton.

DÉSIGNATION

Mobilier

1 — Magnifique piano à queue, d'Erard, en bois sculpté et doré, style Louis XVI, pieds à cariatides d'amours.

Le dessus et les côtés sont décorés de gracieuses compositions peintes par Ballavoine, représentant la Naissance de Vénus et d'autres scènes de l'histoire de Vénus et de l'Amour.

2 — Tabouret de piano et porte-musique en bois doré assortis au piano.

3-4 — Deux très belles bibliothèques en noyer sculpté ouvrant à quatre vantaux pleins et quatre vantaux vitrés. Style Louis XVI. Travail de Fourdinois.

5-6 — Deux autres bibliothèques analogues, ouvrant à trois vantaux pleins et trois vantaux vitrés. Travail de Fourdinois.

7 — Table-bureau de même style. Travail de FOURDINOIS.

8 — Trois fauteuils de même style et de même travail, couverts en étoffe lamée à fleurs.

9 — Beau bureau en bois satiné orné de bronzes. Style Louis XV.

10 — Lit de milieu en noyer verni et marqueterie de bois ; dessin à vase, palmes et fleurs ; de la maison GROHÉ.

11 — Petit canapé en bois sculpté, peint blanc, garni de canne dorée avec coussin en soie rayée à fleurs, de style Louis XVI.

12 — Table-toilette à poudrer en marqueterie de bois, garnie intérieurement de soie brochée. Epoque Louis XVI.

13 — Encoignure en palissandre et bois rose ouvrant à deux vantaux en marqueterie de bois à fleurs, dessus en marbre. Epoque Louis XV.

14 — Vitrine d'applique en bois sculpté et doré forme œil de bœuf. XVIIIe siècle.

15 — Petite banquette en noyer recouverte en tapisserie au point sur fond de satin bleu.

16 — Bureau de dame, forme chevalet, à abattant garni de peluche verte et orné extérieurement d'une peinture à branches de fleurs et feuillages, accompagné de son tabouret en bois sculpté recouvert en peluche verte. Travail viennois.

17 — Petit écran à tablette en bois noir, feuille en peluche rouge brodée.

18 — Tablette de cheminée, garnie de velours vert avec bandeau orné d'applications en broderies dorées.

19 — Chaise longue et fauteuil recouverts en panne bleue à galon brodé sur fond vieil or.

20 — Table support en bois de fer sculpté à dessus de marbre. Travail chinois.

21 — Panier à ouvrage, forme corbeille, en noyer garni en soie brochée fond crème.

22 — Beau meuble de salon en bois de noyer sculpté, recouvert en tapisserie d'Aubusson à gerbes et guirlandes de fleurs sur fond gris, contrefond vert d'eau; dossiers à encadrements de draperies et guirlandes de fleurs, style Louis XVI composé de : un canapé, deux fauteuils et deux chaises.

23 — Piano droit en palissandre d'Erard, n° 53-766.

24 — Beau secrétaire en bois rose et marqueterie de bois, à dessus de marbre. Époque Louis XVI.

25 — Table de salon en bois noir fileté d'ivoire avec réserves en thuya ornées d'incrustations d'ivoire à mascarons et rinceaux.

26 — Beau bureau de dame à cylindre en marqueterie de bois de violette et amarante, garni de bronzes dorés. Style Louis XVI.

27 — Grand et beau bureau en bois d'amarante et bois satiné, garni de bronze doré. Style Louis XV.

28 — Meuble de salon en noyer sculpté, style Louis XVI, recouvert en soierie saumon, composé de : un canapé, deux fauteuils, deux chaises.

29 — Quatre fauteuils en bois doré couverts en tapisserie au point.

30 — Ameublement de chambre à coucher en noyer sculpté, style Renaissance, composé de : lit, armoire à glace et table de nuit.

31 — Dressoir style gothique en noyer sculpté avec fond de tapisserie.

32 — Petite table empire en acajou avec cariatide en bronze.

33 — Petite table en bois sculpté et doré du temps de Louis XVI.

34 — Fauteuil garde-robe en acajou et cuivre. Époque Louis XVI.

35 — Table bureau Louis XVI en acajou et cuivre, pieds cannelés.

36 — Bergère Louis XV en bois sculpté et doré, recouverte en brocart.

37 — Coffre en bois sculpté du temps de Henri IV.

38 — Buffet à deux corps en bois sculpté. Époque Louis XV.

39 — Cadre ovale en bois sculpté. Époque Louis XIV.

40 — Divan couvert en étoffe imitant la tapisserie au point.

41 — Chaise chauffeuse garnie en velours capitonné vert mousse.

42 — Grande et belle console en bois sculpté et doré avec dessus en marbre vert. Époque Louis XV.

43 — Console sur quatre pieds en bois sculpté et doré. Époque Louis XV.

44 — Chaise vénitienne en bois sculpté et doré, dossier surmonté d'armes cardinalices, le bas représentant des dragons.

45 — Joli petit meuble de forme pagode avec étagères disposées en gradin, en bois laqué or et rouge, sculptures ajourées à guirlandes de fleurs et rosaces, et orné d'applications de verres de cou-

leur, posant sur console à quatre pieds. Travail du Cambodge.

46 — Table-console de forme rectangulaire en bois laqué or et rouge avec sculptures appliquées, pieds à griffes. Travail analogue.

47 — Deux petits tabourets en bois laqué or et rouge, couverts en soierie verte brochée et ornés de sculptures appliquées. Travail analogue.

48 — Toilette en bois laqué or et rouge, sculptures ajourées avec glace en bois sculpté et doré, décor aux dragons et orné d'application de verres de couleur. Travail analogue.

49 — Deux tabourets en bois sculpté et laqué or et rouge, pieds à griffes avec coussins en soie vieil or. Travail analogue.

50 — Jardinière en bois sculpté et ajouré laqué or et rouge, décor à têtes de dragons et arabesques.

51 — Petit bouddha en bois sculpté et doré.

52 — Divinité assise en bois sculpté et doré.

53 — Canapé en poirier sculpté et noirci couvert en lampas de soie rouge.

54 — Commode à cinq tiroirs en palissandre ciré, dessus en marbre blanc.

55 — Meuble en marqueterie de bois à fleurs, garni de bronzes.

56 — Petit guéridon ovale en bronze doré et bronze bleui, dessus en onyx d'Algérie. Style Louis XVI.

57 — Deux colonnes marbre gris, chapitaux et bases en bronze doré.

58 — Chaise en acajou garnie de bronzes dorés, dessus forme lyre foncée de canne dorée.

59 — Petite table en bois marqueté, dessus en brèche d'Alep, et galerie. Style Louis XVI.

60 — Deux consoles d'appliques Louis XVI en bois sculpté et doré.

61 — Armoire en chêne style Henry II.

62 — Socle en marbre Empire.

Sculptures

63 — Très beau buste en marbre, la Châtelaine, de MADRASSI.

64 — Buste en marbre représentant mademoiselle de Beaujolais. Sculpture dans le goût de l'époque Louis XV.

65 — Buste en marbre : Diane, d'après HOUDON.

66 — Petit buste en marbre : Michel Cervantès par GRANGER COLOMBO.

67-68 — Deux jolis bustes de jeunes filles en marbre blanc. Style du XVIIIe siècle.

69 — Terre cuite : Buste de Van Dyck par CARRIER-BELLEUSE.

70 — Colonne en simili-marbre.

71 — Buste de vieille femme en terre peinte.

Objets d'art

72 — Garniture de cheminée en marbre et bronze en partie doré, composée d'une pendule avec groupe en bronze « Orphée » et deux candélabres à cinq lumières.

73 — Beau guéridon en bronze doré à cariatides d'enfants, avec dessus en marbre.

74 — Autre beau guéridon en bronze doré. Style Louis XVI, le dessus décoré de plaques de porcelaines décorées dans le goût de Sèvres, représentant des Dames de la Cour.

75 — Paire de beaux vases en marbre fleur de pêcher, monture en bronze doré, anses à serpents.

76 — Petite pendule Louis XVI en bronze, modèle au Tambour.

77 — Belle lanterne sexagonale en fer forgé.

78 — Paire de lampes en porcelaine du Japon, monture en bronze.

79 — Lanterne en fer forgé.

80 — Paire de torchères en bronze doré.

81 — Galerie de foyer en bronze doré de style Louis XV.

82 — Jardinière en cuivre repoussé et ajouré à fleurs de lys, bordure à lambrequins, montants à mufles de lions, avec son plateau. Style Louis XIV.

83 — Jolie pendule en bronze ciselé et doré représentant la toilette de Vénus, socle orné de bas-relief, ronde d'amours. Ier Empire.

84 — Pendule sur socle en bronze poli et ciselé, à cariatides. Style Louis XIV.

85 — Statuette en biscuit : la Cruche cassée, d'après GREUZE.

86 — Belle pendule d'applique avec son socle en marqueterie de cuivre sur fond écaille rouge de l'Inde, garnie de bronzes. Style de BOULE.

87 — Deux bras d'applique en bronze à amours. Ier Empire.

88-89 — Deux statuettes en bronze : Vénus de Milo et Diane de Gabies.

90 — Beau buste en marbre blanc d'après PAJOU : Madame Dubarry.

91 — Statue en marbre : La Becquée.

92 — Encrier en marbre vert de mer, monté en bronze doré Ier Empire.

93 — Deux potiches en faïence, genre Delft, décor ajouré à médaillons, paysages.

94 — Paire d'appliques à électricité en bronze bleui et doré, montées sur plaques en acajou. Style Louis XVI.

95 — Deux candélabres en bronze argenté. Style Renaissance.

96 — Deux appliques anciennes en bronze.

97 — Deux candélabres en bronze.

98 — Deux grands vases en porcelaine.

99 — Paire d'appliques en fer ornées de fleurs en porcelaine de Saxe.

100 — Lot d'assiettes en porcelaines diverses.

101 — Lustre à cinq lumières de Murano (Venise).

102 — Vide-poche en porcelaine de Sèvres, monture bronze.

103 — Statuette en bronze ancien : Gladiateur.

104 — Deux porte-bouquets en cristal taillé, montures en bronze.

105 — Quatre assiettes en faïence française.

106 — Plat en faïence.

107 — Plaque en faïence encadrée.

108 — Porte-fleurs chinois émaillé.

109 — Ecusson en bois sculpté et doré. Epoque Louis XV.

110 — Coupe en porcelaine bleue, genre Sèvres, montée en bronze.

111 — Cadre en bois sculpté.

112 — Six assiettes en porcelaine de Chine, décor à personnages.

113 — Médaillon en marbre, *Portrait de Pie IX.*

Signé BARTOLINI, 1847.

114 — Service à café en porcelaine de Chine, famille rose.

115 — Grande statuette en bronze : Aïda, par G. Leroux, socle en marbre.

116 — Deux grands vases en bronze côtelés et décorés de peaux de lions, socles en marbre.

117 — Deux lampes forme vases en bronze ciselé et gravé, socles en marbre rouge.

118 — Deux bustes en bronze : les Augures.

119 — Statuette en bronze : Rebecca, par Gautherin.

120 — Groupe en bronze, d'après Clodion.

121 — Statuette équestre : le Coléoni.

122 — Paire de bras d'applique Empire, en bronze ciselé et doré.

123 — Deux chenêts en bronze ciselé Louis XVI.

124 — Paire de candélabres Louis XVI à figurine de femmes, portant des branches de lumières.

125 — Pendule en bronze Louis XV.

126 — Deux figurines en bronze, d'après Pigalle.

127 — Deux statuettes en porcelaine de Saxe.

128 — Groupe Louis XVI en biscuit.

129 — Deux candélabres en porcelaine de Saxe.

130 — Jardinière en étain ciselé, décor à rocailles fleuronnées.

131 — Ecuelle Louis XV en étain ciselé.

132 — Ecuelle Louis XVI en étain ciselé.

133 — Deux plats en étain ciselé.

134 — Suite de cinq panneaux en bois de fer remarquablement sculpté, et représentant une scène de bataille. Travail indien du XIVe siècle.

135 — Groupe en lave sculpté et rehaussé de peinture représentant la Vierge et l'Enfant. Epoque XVIe siècle.

136 — Plateau oblong à anses, en faïence de Rouen, décoré d'un sujet : la Danse.

137 — Plateau oblong à anses, en faïence de Rouen, décor à vase et guirlandes de fleurs.

138 — Petit plateau octogonal à anses en faïence de Rouen, décor à corbeilles et guirlandes de fleurs.

139 — Deux assiettes de Rouen, décor à armoiries, l'une en bleu, l'autre en couleur.

140 — Deux assiettes de Rouen, décor polychrome, dont une à figure de Neptune.

141 — Deux assiettes de Rouen, l'une polychrome au carquois, l'autre à fleurs en bleu et rouge.

142 — Deux assiettes de Rouen à grandes fleurs en polychrome.

143 — Vase en faïence ancienne, décor bleu à inscription et fleurs.

144 — Coupe en faïence moderne, décor flambé.

145 — Plaque ronde en émail : Une Eglogue.

146 — Plaque en émail : la Musique.

147 — Théière porcelaine de l'Inde.

148 — Pot-à-lait porcelaine Barbeau.

149 — Deux pots à thé en émail cloisonné.

Argenterie, Orfèvrerie.

150 — Très beau service à thé, en orfèvrerie ciselée à mascarons et guirlandes de fleurs et feuillages. Style Louis XVI, composé de : une bouilloire avec son réchaud, une théière, une cafetière, un sucrier, un pot à crême et un plateau.

Nota. — La bouilloire et son réchaud seuls sont en argent, les autres pièces sont en argenture.
Beau travail de Hancock de Londres.

151 — Boîte en acajou renfermant un service de table en argent, composé de : vingt-quatre cou-

verts, une louche, vingt-quatre cuillers à café, six petites cuillers à sel, une cuiller à ragout, une truelle à poisson et une paire de ciseaux à raisin.

152 — Sucrier en argent.

153 — Deux surtout de table en argent.

154 — Coupe et quatre salières en argent doré.

155 — Un Service de table en argenture, comprenant trente-deux fourchettes, dix-huit cuillers, douze cuillers à café, deux réchauds, six dessous de carafes, douze porte-fourchettes, deux cuillers à sauce, un couteau à fromage, une saucière, deux grands couteaux, une fourchette, un fusil et un milieu de table.

156 — Douze couteaux en ivoire lame argent, six couteaux ivoire et acier, douze fourchettes à escargots.

Bijoux, objets de vitrine

Miniatures. Tabatières

157 — Miniature ovale. Portrait de dame en bonnet normand et costume de la fin de Louis XVI.

158 — Quatre miniatures anciennes. Portraits d'hommes (seront divisées).

159 — Boîte ronde en bois noir avec miniature. Portrait de jeune dame en jardinière.

160 — Boîte ronde en ivoire ornée de deux miniatures. Portraits de Henri IV et Louis XV.

161 — Boîte ronde en lave ornée de deux gouaches : Vues de Naples.

162 — Boîte ronde en écaille fondue avec miniature : Portrait de jeune fille.

163 — Boîte ronde avec dessus orné d'un sujet incrusté en argent et nacre : Les Dénicheurs.

164 — Boîte ronde avec dessus orné d'un sujet incrusté en argent : Le chiffre d'Amour.

165 — Boîte ronde avec miniature : Portrait de dame en bonnet de dentelle.

166 — Grande boîte ronde. Portrait de Dame âgée assise. Signée : Hipp. Chapon, garde à pied du roi, 1818.

167 — Huit tabatières diverses seront vendues sous ce numéro.

168 — Couteau à papier en argent ciselé à cariatides d'anges.

169 — Brosse à ongles, monture en argent repoussé et ciselé.

170 — Bague en or émaillé à figure d'amour.

171 — Epingle de cravate en or ciselé à Dragon.

172 — Petite cassolette en fer ciselé et doré. Travail japonais.

173 — Netsuké ouvrant en bois sculpté, représentant un sac avec petit groupe à l'intérieur.

174 — Médaillon en bronze. Portrait du duc de Choiseul.

175 — Deux salières doubles en porcelaine de Saxe.

176 — Croix maçonnique en argent ornée de pierres de couleur.

177 — Miniature ronde. Portrait de femme, époque Louis XV.

178 — Petit cheval en porcelaine de Saxe.

179 — Lot de six miniatures anciennes.

180 — Statuette en bronze argenté du XVIe siècle, socle en onyx.

181 — Petite statuette équestre de Napoléon Ier, en bronze doré et argenté, socle en marbre.

182 — Épée Louis XV, garde et pommeau en fer, décor à trophées d'armes et de musique sur fond doré.

183 — Bague marquise brillants et turquoise.

184 — Bague trois corps enrichie de saphir et roses.

185 — Broche forme églantine en brillants et roses.

186 — Montre en or remontoir pavée de rubis et roses.

187 — Broche barette en or avec roses et perles de fantaisie.

188 — Crochet de montre en or avec grenat cabochon et diamants.

189 — Bague en or enrichie d'une perle fine.

190 — Bague ancienne en roses.

191 — Montre savonnette en or enrichie de perles fines.

192 — Flacon en or avec grenat cabochon entouré de roses.

193 — Pendentif ancien en or orné d'émeraudes.

194 — Épingle de cravate en or avec corail rose.

195 — Paire de pendants d'oreilles anciens et enrichis de roses et topazes.

196 — Bague en or ornée de cinq rubis et de roses.

197 — Miniature rectangulaire sur ivoire : Portrait de Louis XVI en costume de cour.

198 — Miniature ronde sur ivoire : Jeune femme jouant du clavecin.

199 — Miniature ronde sur ivoire : Portrait de femme d'après HALL.

200 — Miniature ronde sur ivoire : Madame Vigée-Lebrun.

201 — Bonbonnière en ivoire ornée d'une miniature : Portrait de la duchesse de Devonshire.

Tapisseries, Tapis, Etoffes

202 — Dessus de piano à queue en satin bleu de ciel brodé à fleurs, garni de peluche et passementeries.

203 — Deux bandes en toile brodées à fleurs en fils métalliques et soie de couleurs.

204 — Bandeau en satin crème brodé en couleurs à vases de fleurs, oiseaux, etc.

205 — Portières en tapisserie ancienne.

206 — Ancienne tapisserie d'Aubusson.

207 — Tapis d'Aubusson.

208 — Décor de fenêtre en tapisserie au point.

209 — Tapis de table en drap vert brodé à fleurs en couleurs.

210 — Tapis de table, fond en velours noir avec broderies multicolores.

211 — Tapis de table persan, ancien.

Objets divers

212 — Sphère terrestre, pied en bois noir.

213 — Trois cartes géographiques.

214 — Lot de batterie de cuisine.

Tableaux

Dessins, Gravures

ABBEMA (LOUISE)

215 — *Femme assise sur une bouée au bord de la mer.*

Jolie aquarelle en forme d'éventail.

Signée à droite.

VAN ARTOIS (Attribué à)

216 — *Le Départ pour la chasse.*

Joli paysage animé de cavaliers et personnages.

BEAUVAIS

217 — *Lisière de bois.*

BOIVIN (Emile)

218 — *Impasse Oukala.* Tunis.

BOIVIN (Emile)

219 — *Rochers, Ile de Tabarka.* Tunisie.

FÉLON (Joseph)

220 — *Jésus chassant les Vendeurs du Temple.*

Dessin.

221 — *La Vierge apparaissant à une femme mourante.*

Dessin.

GREUZE (Attribué à J. B.)

222 — *Portrait de Jean-Joseph Taillasson.*

Élève de Vien et membre de l'ancienne Académie, il est personnifié par le manuscrit qu'il tient en main et les deux volumes posés sur la table, dont les titres témoignent du travail qu'il a publié à Paris en 1807-1808 d'observations sur quelques grands peintres. Cadre bois sculpté et doré.

GREUZE (Attribué à J.-B.)

223 — *Portrait de la mère de l'artiste.*

Porte au revers l'inscription :

Peint par J.-B. GREUZE. 1776.

Sa mère.

Cadre en bois sculpté et doré.

Ces deux portraits provenant d'une famille française réfugiée en Belgique en 1870 sont de très belle qualité et en parfait état de conservation.

GUBON (EUGÈNE)

224 — *Perdrix, Fruits et Légumes.*

Signé et daté 1854.

Beau tableau. Cadre ancien en bois sculpté et doré.

GÉRARD

225 — *Les Premières caresses du jour.*

Gravure encadrée.

GROLLERON

226 — *Soldats d'infanterie envahissant un parc.*

GRIBIER

227 — *Marine.*

INNOCENTI

228 — *La Partie de piquet.*

Œuvre importante.

INNOCENTI

229 — *Le Colin-Maillard.*

INNOCENTI

230 — *La Ronde d'amoureux.*

INNOCENTI

231 — *Grande Dame jouant du violon.*

MURILLO (Attribué à)

232 — *La Vierge et l'Enfant Jésus.*

Beau tableau, dont la facture rappelle celle d'œuvres remarquables du maître. Cadre en bois sculpté et doré.

MURILLO (Attribué à)

233 — *La Vierge au pied de la croix.*

Tableau digne d'attention. Cadre en bois sculpté et doré.

MORLOT

234 — *Paysage.*

Gouache.

ROBBE

235 — *Le Marais.* Paysage et animaux.

TENIERS LE VIEUX (Attribué à)

236 — *Paysage avec figures.*

TEJERS (Rodriguez)

237 — *La Caravane.*

Grande et belle aquarelle signée.

VOILLEMOT

238 — *L'Amour se brûlant les ailes.*

VERNON

239 — *Mare sous bois.*

ÉCOLE FRANÇAISE

240 — *Portrait de Nostradamus médecin de Charles IX.*

ÉCOLE FLAMANDE

241 — *Scène de patinage.*

ÉCOLE ITALIENNE

242 — *Jeune garçon jouant avec une souris.*

ÉCOLE MODERNE

243 — *Chasse au sanglier.*

Panneau décoratif.

244 — *Petit paysage.*

245 — Deux gravures du XVIIIe siècle. *Portraits d'acteurs français et anglais.*

246 — Lot de gravures anciennes encadrées.

247 — Lot de vingt-cinq photographies de BRAUN, reproductions d'œuvres médaillées au Salon.

248 — Objets omis.

www.ingramcontent.com/pod-product-compliance
Ingram Content Group UK Ltd.
Pitfield, Milton Keynes, MK11 3LW, UK
UKHW032025260826
14628UKWH00006B/2729

9 782329 40835